AF555426

DE LA LITTÉRATURE POPULAIRE

EN FRANCE

En vente 200 exemplaires.

DE LA LITTÉRATURE POPULAIRE
EN FRANCE

RECHERCHES

SUR LES ORIGINES ET LES VARIATIONS

DE LA

LÉGENDE DU BONHOMME MISÈRE

PAR CHAMPFLEURY

2820

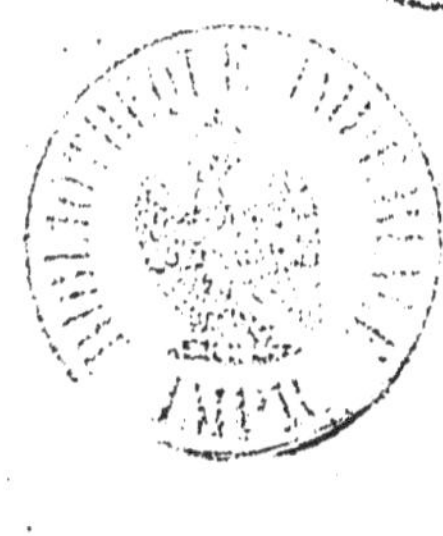

PARIS
POULET-MALASSIS ET DE BROISE, ÉDITEURS
PASSAGE MIRÈS ET RUE RICHELIEU

1861

Y2. p.

1471

DE LA LITTÉRATURE POPULAIRE EN FRANCE

RECHERCHES

SUR LES ORIGINES ET LES VARIATIONS

DE LA

LÉGENDE DU BONHOMME MISÈRE

I

A diverses reprises déjà, je me suis occupé de cette admirable légende, et, si je repasse aujourd'hui dans les mêmes sillons, c'est pour les creuser. J'ai trouvé dans d'autres pays qu'en France des contes qui offrent plus d'une particularité semblable à la fameuse histoire popularisée par la *Bibliothèque bleue* de Paris, de Troyes, de Limoges, de Rouen, de Tours, de Bruyères, d'Epinal, de Montbéliard, de Toulouse, de Caen, d'Orléans, etc.

Le *Bonhomme Misère* est un des types les plus accentués de cette *Bibliothèque bleue* qui inondait la province et les campagnes de ses histoires chevaleresques, de ses contes de fées, de ses facéties, de ses histoires de brigands, de ses cantiques et de ses noëls. *Dix* villes au moins imprimaient cette légende et la réimprimaient sans cesse à des nombres immenses, et on peut évaluer à plusieurs milliards d'exemplaires les tirages, depuis près de deux siècles, du *Bonhomme Misère* dont, à force de recherches, j'ai pu me procurer *quatorze* éditions différentes; mais je serai bref en ce qui concerne la bibliographie de cette légende, qui a pour titre exact : *Histoire nouvelle et divertissante du Bonhomme Misère, qui fera voir ce que c'est que la Misère, où elle a pris son origine, comme elle a trompé la Mort, et quand elle finira dans le monde, par le sieur de la Rivière* (1). *Troyes, chez la veuve de Jacques Oudot et Jean Oudot fils, imprimeurs et marchands libraires, rue du Temple.* L'approbation la plus ancienne que je connaisse, contre-signée Passart, est datée du 1er juillet 1719. A l'heure qu'il est, malgré mes recherches dans les bibliothèques publiques de Paris et de la province, je n'ai pu retrouver de *Bonhomme Misère* imprimé avant 1719; mais on trouve l'indication de cette légende dans les « petits romans in-8° » du catalogue des livres de la *Bibliothèque bleue* qui se vendaient chez la veuve de Nicolas Oudot, rue de la Harpe, à l'image Notre-Dame à Paris; malheureusement ce catalogue ne porte pas de date. On sait seulement que Nicolas Oudot fonda sa librairie en janvier 1665, dans cette même rue et à la même enseigne, et qu'à cette époque il imprimait déjà la *Bibliothèque bleue*. Il est donc plus que présumable qu'en 1665 le *Bonhomme Misère* faisait partie de sa collection.

Cette recherche de dates, qui peut sembler puérile, a son utilité. Il était important de montrer à quelle époque la légende exerçait son empire sur le peuple et quelles racines profondes l'ont fixée depuis bientôt deux siècles dans sa mémoire. Quand on verra la conclusion du conteur, il est bon de savoir sous quel règne un conteur concluait ainsi, et c'est en ceci que la science bibliographique apporte une exactitude de date précieuse à l'historien et au philosophe.

Ainsi, vers la fin du dix-septième siècle et dans la première moitié du dix-huitième, dix villes de province se faisaient concurrence, imprimaient et réimprimaient sans relâche, à bas prix, à *deux sols*, une brochure de vingt pages, empreinte d'un esprit qui ne sentait pas la Révolution. Et il a fallu la plume trop rapide de M. Jules Janin pour dire :

« Entre autres histoires se vendait déjà l'histoire épouvantable de *Bonhomme Misère*, publiée à cent mille éditions, et chaque édition non corrigée, mais revue et considérablement augmentée, et agrandie de toutes les haines et de toutes les vengeances que le cœur de l'homme et la besace du romancier peuvent contenir!... » (2)

Il n'y a pas eu *cent mille éditions* du *Bonhomme Misère*. Aucune des éditions n'est augmentée d'une seule ligne; par conséquent toutes les *haines* et toutes les *vengeances* du cœur de l'homme sont au compte de M. Jules Janin, qui, parlant du déluge de « mauvais livres, fils du dix-huitième siècle, » mêle l'*épouvantable* histoire du *Bonhomme Misère* avec l'histoire de Madelon Friquet, l'histoire de Gribouille, l'histoire de Jocrisse, de Cadet la Geinjolle, de Drolibus, de Nicdouille, etc... Que peut avoir de commun Misère, qui n'est pas

(1) Quelques-unes de ces éditions portent pour auteur, au lieu du sieur *de la Rivière*, qui n'est cité par aucun bibliographe, le pseudonyme populaire du « *nommé Court-d'Argent.* »

(2) Jules Janin, *Les gaîtés champêtres*, 2 vol. in-8, Michel Lévy.

fils du XVIIIe siècle, avec Cadet la Geinjolle, Nicdouille et autres farceurs de tréteaux? C'est une légèreté de M. Janin, dont je n'aurais pas certainement parlé si je n'avais entrepris de relever les rares opinions émises au sujet du *Bonhomme Misère* si souvent imprimé et si peu contrôlé (1).

Misère semble un contemporain de la *Danse des Morts*; il n'appartient en rien au dix-huitième siècle qui déjà avait laissé de côté tout le funèbre appareil du catholicisme, parlant si vivement aux esprits naïfs. Pour le prouver mieux que par d'arides discussions, je réimprime dans son entier la fameuse *légende*, d'après le texte de 1719. Je discuterai ensuite.

(1) M. Ch. Nisard a donné en grande partie la légende du *bonhomme Misère* de la Bibliothèque bleue dans son *Histoire des livres populaires* (Paris, Amyot, 1854, 2 vol. grand in-8), sans rien apporter de nouveau dans cette question. M. Nisard est le premier qui ait réuni à peu près en corps l'historique de ces publications populaires, dont il existait à peine trace dans les dictionnaires de bibliophiles; mais combien son livre est incomplet, étudié légèrement, rempli de recherches trop vite coupées de côté et d'autre! Combien y apparaît le trop de zèle administratif? Et combien y sont jugés avec une rigueur de censeur toutes sortes d'ouvrages ingénieux, plaisants, naïfs, dont Charles Nodier disait : « Le style n'en est pas fort; il manque de ces habiles artifices qu'enseigne l'étude, que l'esprit raffine, et qui finissent par se substituer au travail naïf de la pensée; mais il est simple, il est clair, il dit ce qu'il veut dire, il se fait comprendre sans efforts. »

Pourquoi M. Nisard n'a-t-il pas encore médité ces paroles de Nodier? « S'il existe quelque part, dans je ne sais quel oasis ignoré que le réseau du *rail* ne menace pas encore d'étreindre et d'étouffer entre ses mailles brûlantes, quelques enfants de la vieille France, fidèles aux souvenirs délicieux de leur berceau, et dont la voix maternelle de la patrie fait toujours palpiter le cœur, rendez-leur, je vous prie, la *Bibliothèque bleue* ans sa simplicité et dans ses grâces. »

II

L'ORIGINE

DU

BONHOMME MISÈRE

Où l'on verra véritablement ce que c'est que la Misère, où elle a pris son origine, et quand elle finira dans le monde.

Dans un voyage que je fis autrefois en Italie avec plusieurs de mes amis, je me trouvai logé chez un Curé fort bon homme, et qui aimoit extrêmement à rapporter quelques petites histoires fort divertissantes : j'ai retenu celle-ci, qui m'a paru digne de la mettre au jour en vous la racontant, et comme elle ne roule que sur la Misère, peut-être craignez-vous qu'elle ne soit ennuyeuse; mais point du tout, elle est très-agréable. Auparavant de vous la raconter, je vous dirai que je la rapporte telle qu'il nous la donna pour lors, et ainsi que vous allez l'entendre.

Vous trouverez sans doute à redire, Messieurs, commença notre bon homme de Curé, de ce que je ne vous entretiens ici que de Misère. Chacun, dit-il, a ses raisons, et vous ne sauriez pas les miennes si je ne vous les expliquois. Vous n'en êtes sans doute pas informés, ce mot de Misère ne se dit pas pour rien; très-peu de gens savent que ce nom est celui d'un des principaux habitans de ma paroisse, lequel assurément n'est pas riche, mais il est fort honnête homme, quoique ce ne soit que Misère chez lui. C'est dommage que ce cher Paroissien soit si peu aimé, lui qui étant connu, dont l'âme est si noble et généreuse, si bon humain, si prêt à servir dans toutes les occasions, si affable, si courtois, et si honnête et aimable; enfin que dirai-je de plus, lui qui n'a pas son pareil dans le monde, et n'en aura jamais tant que le monde sera monde.

Vous allez peut-être croire, nous dit-il, Messieurs et amis, que ce que je m'en vais vous dire est une fable ou un conte fait à plaisir pour vous faire rire, mais non; quoiqu'on parle tant du bon homme Misère, on ne sait guère au juste son histoire; mais je vous proteste, foi d'honnête homme, que rien n'est plus sincère, plus sûr et véritable; et je doute même que dans le voyage que vous allez faire, vous appreniez rien de plus sérieux.

Je vous dirai donc que deux particuliers, nommés Pierre et Paul, s'étant rencontrés dans ma paroisse, qui est passablement grande, et dont les habitans seroient assez bien à leur aise, si Misère n'y demeuroit pas; en arrivant à l'entrée de ce lieu de Milan, environ sur les cinq heures du soir, étant tous deux trempés, comme on dit, jusqu'aux os.

Où logerons-nous, demanda Pierre à Paul? Sur ma foi, répondit-il, je n'en sais rien, je ne connois pas le terrain, et je n'ai jamais passé par ici. Il me semble, reprit Paul, que sur la main droite j'aperçois une grosse et belle maison, qui appartient à quelque riche Bourgeois; nous lui ferons la prière, si c'est de son bon plaisir, de vouloir bien nous loger pour cette nuit, étant mouillés comme nous le sommes de cet orage. J'y consens de tout mon cœur, dit Pierre; mais il me paroît, sauf votre meilleur avis, qu'il seroit bon, auparavant que d'entrer chez lui, de nous informer dans le voisinage quelle sorte d'homme c'est que le maître de ce logis; s'il a du bien et s'il est aisé, car on s'y trompe assez souvent; avec toutes les belles maisons qui paroissent à nos yeux, nous trouvons pour l'ordinaire que ceux qui semblent en être les maîtres les doivent aussi bien que tout ce qui est dedans, et n'ont quelquefois pas un liard à y prétendre; et pour bien connoître un homme et juger pertinemment de ses biens, il faut le voir mort : mais, après tout, si nous attendions après cela pour souper, nous aurions bien à attendre, et nous pourrions bien dire notre *Benedicite* et nos Grâces dans le même moment, et coucher dans la rue à la belle étoile.

Cela n'est que trop commun, répondit Paul, mais la pluie continue toujours, et nous sommes mouillés jusqu'aux os; mais j'aperçois là-bas une bonne femme qui lave du linge dans ce fossé, je vais lui demander ce qui en est.

Hé bien! ma bonne femme, dit Paul, en s'approchant d'elle, il pleut bien fortement aujourd'hui. Bon, lui répondit-elle, Monsieur, ce n'est que de l'eau, et si c'étoit du vin, cela n'accommoderoit pas ma lessive ; mais aussi nous boirions bien, car nous en amasserions notre bonne provision.

Vous êtes gaie, à ce qu'il me paroît, reprit Paul. Pourquoi pas, lui dit-elle? grâces à Dieu, il ne me manque rien au monde de tout ce qu'une femme peut souhaiter, excepté de l'argent. De l'argent! dit Paul, hélas! vous êtes bien heureuse, si vous n'en avez pas, et que vous puissiez vous en passer. Oui, répondit-elle, cela s'appelle parler comme saint Paul, la bouche ouverte. Vous aimez à plaisanter, à ce que je vois, bonne femme, dit Paul; mais vous ne savez pas que l'argent est ordinairement la perte d'un grand nombre d'âmes, et qu'il seroit à souhaiter pour beaucoup de gens qu'ils n'en maniassent jamais de leur vie. Pour moi, lui dit-elle, je ne fais point de petits souhaits; j'en manie si peu, que je n'ai pas tant seulement le temps de garder une pièce, pour savoir comme elle est faite. Tant mieux, dit Paul. Par ma foi, tant mieux vous-même, lui répondit-elle. Voilà une plaisante manière de parler. Si vous avez envie de vous moquer de moi, vous pouvez passer votre chemin hardiment, car aussi bien voilà votre camarade qui se morfond en vous attendant. Nous nous échaufferons tantôt, lui répondit Paul; mais, bonne mère, ne vous fâchez point, je vous en prie, je n'ai nullement envie de vous rien dire qui vous fasse de la peine, et vous ne me connoissez pas, à ce que je vois. Allez, allez, lui répondit-elle, continuez, s'il vous plait, votre chemin, c'est de quoi je vous prie, car vous n'êtes qu'un engeauleur.

Pierre qui avoit entendu une partie de cette conversation, dont il étoit fort ennuyé, à cause d'un orage qui survint, et s'étant approché : cette femme, dit-il, devroit se mettre à couvert. Quelle nécessité de se mouiller de la sorte? est-ce un ouvrage si pressé, qu'il ne puisse se remettre à une autre fois?

Courage, courage, dit-elle, l'un raisonne à peu près comme l'autre. On remet la besogne du monde comme cela, en votre pays. Malapeste, vous ne connaissez guère les gens de ces quartiers-ci. S'il y manquoit, dit-elle, en regardant Pierre, même une coëffe de nuit, de tout ce que j'ai ici, qui appartient à M. Richard, j'entendrois un joli carillon, et je ne serois pas bonne à jeter aux chiens.

Cet homme est donc difficile à contenter, lui demanda Pierre? Hélas! Monsieur, s'écria-t-elle, c'est bien le plus ladre et vilain homme qui soit sur la terre. Si vous le connoissiez..... C'est un homme à se faire fesser pour une Bayoque (1). Comment donc, dit Pierre, cet homme est donc bien ladre; n'est-ce pas lui qui demeure à cette belle maison qu'on découvre d'ici? Tout juste, c'est cette maison que vous voyez, répondit la bonne femme; c'est justement pour lui que je travaille. Adieu, ma bonne mère, lui dit Pierre, le temps qu'il fait ne nous permet pas de causer davantage.

Ayant rejoint Paul, il se mirent à couvert sous un petit auvent, à quatre pas de là; et consultèrent ensemble de ce qu'ils feroient en cette occasion, et après avoir été un gros quart d'heure, et assez embarrassés, car ils ne se sentoient pas de sec; voyons donc, dit Pierre, ce qu'il en sera, il faut risquer le paquet. Cet homme, si vilain qu'il soit, peut-être aura-t-il quelque honnêteté pour nous: ces gens-là ont quelquefois de bons momens.

Allons, dit Paul, je m'en vais faire la harangue; je voudrois en être quitte, et que nous fussions déjà retirés. Ils arrivèrent enfin à la porte de M. Richard comme il alloit se mettre à table. Ils heurtèrent fort doucement, et un valet étant venu à la hâte, et ayant passé nue tête au bout de la cour, se sentant mouillé, leur demanda fort brusquement ce qu'ils souhaitoient. Paul, qui étoit obligé de porter la parole, le pria avec toutes sortes d'honnêtetés, de vouloir bien demander à son maître s'il auroit assez de bonté que d'accorder un petit coin de sa maison à deux hommes très-fatigués.

Vous prenez bien de la peine, leur dit-il, mes bonnes gens; mais c'est du temps perdu, mon maître ne loge jamais personne. Je le crois, dit Paul; mais faites-moi l'amitié, par grâce, d'aller lui dire que nous souhaiterions bien avoir l'honneur de le saluer. Ma foi, dit le valet, le voilà sur la porte de la salle, parlez-lui donc si vous voulez vous-même.

Quels sont ces gens-là, dit Richard à son valet, d'une voix assez élevée? Ils demandent à loger, répondit l'autre. Hé bien, maraud, ne peux-tu pas leur répondre que ma maison n'est pas une auberge? Vous l'entendez, Messieurs, ne vous l'avois-je pas bien dit! Paul se hasarda d'approcher Richard, et lui dit: Hélas, Monsieur, d'un air pitoyable, par le mauvais temps qu'il fait, ce seroit une grande charité que de nous donner un petit endroit pour reposer deux ou trois heures. Voilà des gens d'une grande effronterie, dit-il, en regardant son valet, et pourquoi laisses-tu entrer ces canailles? Allez, allez, dit-il, d'un air méprisant, à Paul, chercher à loger où vous l'entendrez, ce n'est pas ici un cabaret; puis leur fit fermer la porte au nez.

Le mauvais temps continuant toujours: que deviendrons-nous, dit Paul? Voici la nuit qui s'approche, si on nous reçoit partout de même que dans cette maison-ci, nous courons risque de passer bien mal la nuit. Le Seigneur y pourvoira, répondit Pierre; nous devons, comme vous le savez aussi bien que moi, nous confier en lui. Mais, dit-il en se retournant, il me semble que voici, à deux pas d'ici, notre blanchisseuse, avec laquelle nous avons causé en arrivant, laquelle me paroît bien fatiguée, et qui se repose sur une borne avec son linge.

C'est elle-même, dit Paul: il seroit bon, continua Pierre, de lui demander où nous pourrions loger. J'y consens, lui répondit-il. En même temps Paul s'approchant de cette femme, lui demanda dans quel endroit de la ville les passants qui n'ont point d'argent peuvent être reçus une nuit seulement.

Je voudrois, leur répondit-elle, qu'il me fût permis de vous retirer, je le ferois de

(1) Monnaie d'Italie qui vaut à peu près un sou.

bon cœur, parce que vous paroissez de bonnes gens; mais, je suis veuve et cela feroit causer. Cependant, si vous voulez bien m'attendre et avoir un peu de patience, dans mon voisinage et près de ma chaumière, qui est au bas de la Ville, nous avons un pauvre bon homme nommé *Misère*, qui a une petite maison tout auprès de moi, et qui pourra bien vous donner un gîte pour ce soir.

Volontiers, répondit Paul; allez faire à votre aise vos affaires, nous vous attendrons ici. La bonne femme étant entrée chez Richard et ayant remis son linge, revint trouver nos deux voyageurs, qui exerçoient toute leur vertu pour ne pas s'impatienter. Suivez-moi, dit-elle, et marchons un peu vite, car il y a un bon bout de chemin à faire, et il sera assurément nuit avant que nous soyons à la maison. Ils arrivèrent enfin, et cette charitable femme ayant heurté à la porte de son voisin, ils furent très-longtemps à attendre qu'elle fût ouverte, parce que le bon homme étoit déjà couché, quoiqu'il ne fût pas au plus six heures et demie. Il se leva à la voix de sa voisine, et lui demanda fort obligeamment ce qu'il y avoit pour son service? Vous me ferez plaisir, lui répondit-elle, de donner à coucher à deux pauvres gens qui ne savent de quel côté donner de la tête. Où sont-ils, demanda le bon homme en se levant promptement? A votre porte, répondit-elle. A la bonne heure, lui dit-il : allumez-moi seulement ma lampe, je vous en prie. Ayant de la lumière, ils entrèrent dans la maison; mais tout y étoit sens dessus dessous, l'on n'y connaissoit rien au monde. Le maître de ce taudis logeoit seul; c'étoit un grand homme maigre, sec et pâle, qui sembloit sortir d'un sépulcre. Dieu soit céans, dit Pierre : Hélas, dit le bon homme, ainsi soit-il! Nous aurions bien besoin de sa bénédiction pour nous donner à souper, car je vous proteste qu'il n'y a pas seulement un morceau de pain ici.

Il n'importe, dit Pierre, pourvu que nous soyons à couvert, c'est tout ce que nous souhaitons. La voisine, qui s'étoit bien doutée qu'on ne trouveroit rien chez le pauvre *Misère*, étoit sortie fort doucement et rentra aussitôt, apportant quatre gros merlans tout rôtis, avec un gros pain et une cruche de vin de Suze : je viens, dit-elle, souper avec vous. Du poisson! dit Pierre, oh! nous voilà admirablement bien! Comment, Monsieur, dit la voisine, est-ce que vous aimez le poisson? Si j'aime le poisson! reprit-il; je dois bien l'aimer, puisque mon père en vendoit. Je suis fort heureuse, reprit la voisine, d'avoir un petit morceau de votre goût et qui puisse vous faire plaisir.

L'embarras se trouva très-grand pour se mettre à table, car il n'y en avoit point : la bonne voisine en fut chercher une; enfin on mangea, et comme il n'est que viande d'appétit, les poissons furent trouvés admirablement bons; il n'y eut que le maître de la maison qui n'en put pas prendre sa part. Il n'avoit cependant pas soupé, quoiqu'il fût couché lorsque cette compagnie étoit arrivée chez lui: mais il lui étoit arrivé une petite aventure l'après-midi, qui l'avoit rendu de très-mauvaise humeur; aussi ne fit-il que conter ses peines, ses douleurs et ses afflictions pendant le repas, à quoi les deux voyageurs parurent fort sensibles, et n'oublièrent rien pour sa consolation.

L'accident qui lui étoit survenu n'étoit pas bien considérable; mais, comme on dit, il n'est pas difficile de ruiner un pauvre homme. Dans sa cour, où l'on pouvoit entrer facilement, n'y ayant qu'une haie à sauter, il y avoit un assez beau poirier, dont le fruit étoit excellent et qui fournissoit seul presque la moitié de la subsistance de ce bon homme. Un homme de ses voisins, qui avoit guetté qu'il sortait de sa maison, lui avoit enlevé toutes ses plus belles poires; si bien que cela l'avoit tellement chagriné, par la perte que cela lui causoit, qu'après avoir bien juré contre le voleur il s'étoit, de dépit, allé coucher sans souper. Sans cette aventure, il courroit encore le même risque, puisque dans toute la journée il n'avoit pu trouver un morceau de pain dans toute la Ville.

Il avoit assurément raison d'avoir de l'inquiétude; il y en a bien d'autres qui se chagrineroient à moins. Paul, en regardant Pierre, dit : Voilà un homme qui me fait compassion; il a du mérite et l'âme bien placée, tout misérable qu'il est, il faut que nous prions le Ciel pour lui.

Hélas! Messieurs, vous me feriez bien plaisir, car pour moi, dit le bon homme *Misère*, il semble que mes prières ont bien peu de crédit, puisque, quoique je les renouvelle souvent, je ne puis pas sortir du fâcheux état auquel vous me voyez réduit.

Le Seigneur éprouve quelquefois les justes, lui dit Pierre, en l'interrompant; mais, mon ami, continua-t-il, si vous aviez quelque grâce à demander à Dieu, vous n'avez qu'à vous expliquer. Monsieur, dans la colère où je me trouve contre les fripons qui ont volé mes poires, je ne demanderois rien autre chose au Seigneur, sinon *que tous ceux qui monteront sur mon poirier y restassent tant qu'il me plairoit, et n'en pussent jamais descendre que par ma volonté.*

Voilà se borner à bien peu de chose, dit Pierre, mais enfin cela vous contentera donc? Oui, répondit le bon homme, plus que tous les biens du monde. Quelle joie, poursuivit-il, seroit-ce pour moi, de voir un coquin perché sur une branche et demeurer là comme une souche en me demandant quartier! Quel plaisir de voir comme sur un cheval de bois le misérable larron! Votre souhait sera accompli, lui répondit Pierre; car si le Seigneur fait, comme il est vrai, quelque chose pour ses serviteurs, nous l'en prierons de notre mieux.

Durant toute la nuit, Pierre et Paul se mirent effectivement en prière; car, pour parler de coucher, le pauvre *Misère* n'avoit qu'une botte de paille, qu'il voulut bien céder, mais qu'ils refusèrent absolument, ne voulant découcher leur hôte. Le jour venu, et après avoir donné toutes sortes de bénédictions, de même qu'à la voisine, qui en avoit usé si honnêtement avec eux, ils partirent de ce triste lieu et dirent à *Misère* qu'ils espéroient que sa demande seroit octroyée, et que dorénavant personne ne toucheroit à ses poires qu'à bonne enseigne; qu'il pouvoit hardiment sortir; et que si, pendant son absence, quelqu'un étoit assez hardi que de monter sur l'arbre, il l'y trouveroit lorsqu'il reviendroit, et qu'il ne pourroit jamais descendre que de son consentement.

Je le souhaite, dit *Misère* en riant; c'étoit peut-être pour la première fois de sa vie que cela lui arrivoit; aussi croyoit-il que Pierre ne lui avoit parlé de la sorte que pour se moquer de lui et de la simplicité qu'il avoit de faire un souhait si extravagant. Les voyageurs étant partis, il arriva tout autrement que *Misère* n'avoit pensé, il ne tarda pas à s'en appercevoir; car le même voleur qui avoit enlevé ses plus belles poires étoit revenu le même jour, dans le temps qu'il étoit allé chercher une cruche d'eau à la fontaine, et il fut surpris, en rentrant chez lui, de le voir perché sur son poirier, et faisant toutes sortes d'efforts pour s'en débarrasser.

Ah! drôle, je vous tiens, commença à lui dire *Misère*, d'un ton tout à fait joyeux. Ciel, dit-il en lui-même, quels gens sont venus loger chez moi cette nuit! Oh! pour le coup, continua-t-il, parlant toujours à son voleur, vous aurez le temps, notre ami, de cueillir mes poires, mais je vous proteste que vous les payerez bien cher par les tourmens que je vais vous faire souffrir. En premier lieu, je veux que toute la ville vous voie en cet état, ensuite je ferai un bon feu sous mon poirier pour vous enfumer comme un jambon de Mayence.

Miséricorde! Monsieur *Misère*, s'écria le dénicheur de poires; pardon pour cette fois, je n'y retournerai de ma vie. Je le crois bien, lui répondit-il; mais, tandis que je te tiens, il faut que je te fasse payer bien chèrement le tort que tu m'as fait.

S'il ne s'agit que d'argent, reprit le voleur, demandez-moi ce qu'il vous plaira, je le donnerai. Non, lui dit *Misère*, point de quartier; j'ai besoin d'argent, mais je n'en veux point, je ne demande que la vengeance et te punir, puisque j'en suis le maître; je vais, dit-il en le quittant, toujours chercher du bois de tous côtés, et ensuite tu apprendras de mes nouvelles; ne perds pas patience, car tu as tout le temps de faire de belles réflexions sur ton aventure. Ah! ah! gaillard, dit-il, vous aimez donc les poires mûres? on vous en gardera.

Misère s'en étant allé et laissé le pauvre diable sur son arbre, où il se donnoit tous les tourmens du monde, et faisoit toutes sortes de contorsions pour en sortir, sans y pouvoir parvenir, il se mit à lamenter et cria tant qu'on l'entendit d'une maison voisine. On vint au secours, croyant que, dans cet endroit écarté, ce pouvoit être quelqu'un qu'on assassinoit. Deux hommes étant accourus du côté où ils entendoient qu'on se plaignoit, furent bien surpris de voir celui-ci monté sur l'arbre du bon homme *Misère*, qui n'en pouvoit plus descendre.

Hé! que diable fais-tu là compère, lui dit un des deux voisins, hé! que ne descends-tu? Ah! mes amis, s'écria-t-il, qui pourroit? Le misérable homme à qui appartient ce poirier est un sorcier; il y a deux heures que je suis sur cette branche sans en pouvoir sortir ; j'ai beau faire des efforts, c'est inutile, je me suis disloqué tous les membres et brisé les os. Tu te trompes, reprit l'autre, *Misère* est très-honnête homme; il n'est pas riche, mais assurément pas sorcier, ou il seroit dans un autre état que celui auquel il il est depuis tant d'années. Peut-être que c'est par permission divine que tu es demeuré perché sur cet arbre, comme un perroquet sauvage, pour avoir voulu lui voler ses poires. Quoi qu'il en soit, la charité chrétienne nous oblige à te soulager : disant cela, ils montèrent l'un à une branche, l'autre à l'autre, et se mirent en devoir de débarrasser leur voisin, mais ils n'en purent venir à bout; ils lui eussent plutôt arraché tous les membres l'un après l'autre que de le tirer de là. Après plusieurs efforts inutiles, il est ma foi ensorcelé, dirent-ils, il n'y a plus rien à faire, il faut en faire avertir la Justice, descendons. Ils se mirent en devoir de sauter en bas; mais quelle surprise pour ces pauvres gens! Ils furent aussi verts que des perroquets de voir qu'ils ne pouvoient non plus remuer que leur voisin.

Ils demeurèrent de la sorte jusqu'à dix-neuf heures et demie (1), que le bon homme *Misère* revint avec un bissac plein de pain et un grand fagot de broussailles sur sa tête, qu'il avoit amassé dans les haies, et fut terriblement étonné de voir trois hommes au lieu d'un seul qu'il avoit laissé sur son poirier. Ah! ah! dit-il, la foire sera bonne, à ce que je vois, puisque voici tant de marchands qui s'amassent. Mais, mes drôles, je m'en vais vous faire fumer comme des harengs sorets : je vous apprenderai à venir voler les poires du pauvre *Misère*. Nous ne sommes pas des voleurs, Monsieur *Misère*, ni envieux de vos poires. Que venez-vous donc faire ici, dit *Misère* aux deux derniers? Miséricorde! Monsieur *Misère*, nous sommes des voisins charitables venus exprès pour secourir un homme dont les lamentations et les cris nous faisoient pitié; quand nous voulons des poires, nous les achetons au marché, il y en assez sans les vôtres.

(1) C'est environ midi en Italie ; les heures se comptent de suite jusqu'à vingt-quatre, puis recommencen par une.

Si ce que vous me dites est vrai, reprit *Misère*, vous ne tenez à rien sur cet arbre, vous en pouvez descendre quand il vous plaira ; la punition n'est que pour les voleurs. En même temps, leur ayant dit qu'ils pouvoient tous deux descendre, ils le firent promptement et ne savoient que penser de l'autorité qu'avoit *Misère* sur cet arbre.

Ces deux voisins étant à terre remercièrent *Misère* de ce qu'il venoit de faire pour eux, et le prièrent en même temps d'avoir compassion de ce pauvre diable, qui souffroit extraordinairement, depuis tant de temps qu'il étoit ainsi en faction. Il n'est pas encore quitte, leur répondit-il ; vous voyez bien par expérience qu'il est convaincu de vol, puisqu'il ne peut pas descendre de dessus l'arbre, comme vous venez de faire ; il restera tant que je l'ordonnerai pour me venger du tort que le larron m'a fait depuis tant d'années, que je n'ai pu retenir un seul quarteron.

Vous êtes un trop bon Chrétien, Monsieur *Misère*, reprirent les deux voisins, pour pousser les choses à une telle extrémité ; nous vous demandons sa grâce pour cette fois ; vous perdriez en un moment votre honneur, qui est si bien établi de tous côtés, depuis tant d'années que votre famille demeure en cette paroisse ; faites trève à votre juste ressentiment, et lui pardonnez selon votre cœur à notre prière ; au bout du compte, quand vous le ferez souffrir davantage, en serez-vous plus riche ?

Ce ne sont pas les biens ni les richesses, reprit *Misère*, qui ont jamais eu aucun pouvoir sur moi. Je sais bien que ce que vous me dites est véritable ; mais est-il juste qu'il ait profité de mon bien sans que je trouve au moins quelque petite récompense ? Je payerai tout ce que vous voudrez, s'écria le voleur ; mais, au nom de Dieu, faites-moi descendre, je souffre toutes les misères du monde.

A ce mot, *Misère* lui-même se laissant toucher dit qu'il vouloit bien oublier sa faute et qu'il lui pardonnoit ; que pour lui fait reconnoître que l'intérêt ne l'avoit jamais fait agir dans aucune action de sa vie, il lui faisoit présent de tout ce qu'il lui avoit volé ; qu'il alloit le délivrer de la peine où il se trouvoit, mais à condition qu'il falloit qu'il promît avec serment que de sa vie il ne reviendroit sur son poirier, et s'en éloigneroit de cent pas aussitôt que les poires seroient mûres.

Ah ! que cent Diables m'emportent, s'écria-t-il, si jamais j'en approche d'une lieue. C'en est assez, lui dit *Misère* ; descendez, voisin, vous êtes libre ; mais n'y retournez plus, s'il vous plaît. Le pauvre homme avait tous ses membres si engourdis, qu'il fallut que *Misère*, tout cassé qu'il étoit, l'aidât à descendre avec une échelle, les autres n'ayant jamais voulu approcher de l'arbre, tant ils lui portoient de respect, craignant encore quelque nouvelle aventure.

Celle-ci néanmoins ne fut pas secrette ; elle fit tant de bruit que chacun en raisonna à sa fantaisie. Ce qu'il y eut toujours de très-certain, c'est que jamais, depuis tant d'années, personne n'a osé approcher du poirier du bon homme *Misère*, qui en a fait lui seul une récolte complette.

Ce pauvre homme se trouvait bien récompensé d'avoir logé chez lui ces deux inconnus qui lui avoient procuré un si grand avantage. Il faut convenir que dans le fond il s'agissoit de bien peu de chose ; mais quand on obtient ce qu'on désire au monde, cela peut se compter pour beaucoup. *Misère*, content de sa destinée telle qu'elle étoit, couloit sa vie toujours assez pauvrement ; mais il avoit l'esprit content, puisqu'il jouissoit en paix du petit revenu de son poirier, et que c'étoit à quoi il avoit su borner sa petite fortune.

Cependant l'âge le gagnoit, étant bien éloigné d'avoir toutes ses aises, il souffroit bien plus qu'un autre ; mais la patience s'étoit rendu la maitresse de toutes ses actions il avoit une certaine joie secrette de se voir absolument maître de son poirier qui lui tenoit lieu de tout. Un certain jour qu'il y pensoit le moins, étant assez tranquille dans sa maison, il entendit frapper à sa porte, et fut si peu que rien étonné de recevoir une visite à laquelle il s'attendoit bien, mais qu'il ne croyoit pas si proche : c'étoit la Mort qui, faisant sa ronde dans le monde, étoit venu lui annoncer que son heure approchoit, qu'elle alloit le délivrer de tous les malheurs qui accompagnent ordinairement cette vie.

Soyez la bien venue, lui dit *Misère* sans s'émouvoir, en la regardant d'un grand sens froid, et comme un homme qui ne la craignoit point, n'ayant rien de mauvais sur sa conscience, ayant vécu en honnête homme, quoique très-pauvrement.

La Mort fut très-surprise de le voir soutenir sa venue avec tant d'intrépidité. Quoi! lui dit-elle, tu ne me crains point, moi qui fais trembler d'un seul regard tout ce qu'il y a de plus puissant sur la terre, depuis le Berger jusqu'au Monarque! Non, lui dit-il, vous ne me faites aucune peur, et quel plaisir ai-je dans cette vie? quel engagement m'y voyez-vous pour n'en pas sortir avec plaisir? Je n'ai ni femme ni enfants (j'ai toujours eu assez d'autres maux sans cela), je n'ai pas un pouce de terre valant, excepté cette petite chaumière et mon poirier, qui est lui seul mon Père nourricier par les beaux fruits que vous voyez qu'il me rapporte tous les ans, et dont il est encore à présent tout chargé; et si quelque chose dans ce monde étoit capable de me faire de la peine, je n'en aurois point d'autre qu'une certaine attache que j'ai pour cet arbre, depuis tant d'années qu'il me nourrit; mais comme il faut prendre son parti avec vous, et que la réplique n'est point de saison quand vous voulez qu'on vous suive, tout ce que je désire et que je vous prie de m'accorder avant que je meure, c'est que je mange encore, en votre présence, une de mes poires, après cela je ne vous demande plus rien.

La demande est trop raisonnable, lui dit la Mort, pour te la refuser; va toi-même choisir la poire que tu veux manger, j'y consens.

Misère ayant passé dans sa cour, la Mort le suivant toujours de près, tourna longtemps autour de son poirier, regardant dans toutes les branches la poire qui lui plaitoit le plus, et ayant jeté sa vue sur une qui lui paraissoit très-belle : voilà, dit-il, celle que je choisis; prêtez-moi, je vous prie, votre Faux pour un instant, que je l'abatte.

Cet instrument ne se prête à personne, lui répondit la Mort, et jamais bon soldat ne se laisse désarmer; mais je regarde qu'il vaut mieux cueillir avec la main cette poire qui se gâteroit si elle tomboit : monte sur ton arbre, dit-elle à *Misère*. C'est bien dit, si j'en avois la force, lui répondit-il; ne voyez-vous pas que je ne saurois presque me soutenir? Eh bien! lui répliqua-t-elle, je veux bien te rendre ce service, j'y vais monter moi-même et chercher cette belle poire, dont tu espères tant de contentement.

La Mort ayant grimpé sur l'arbre, cueillit la poire que *Misère* désiroit avec tant d'ardeur; mais elle fut bien étonnée, lorsque, voulant descendre, cela se trouva tout-à-fait impossible. Bon homme, lui dit-elle, en se tournant du côté de *Misère*, dis-moi un peu ce que c'est que cet arbre-ci?

Comment, lui répondit-il, ne voyez-vous pas que c'est un poirier. Sans doute, lui dit-elle; mais que veut dire que je ne saurois pas en descendre? Ma foi, reprit *Misère*, ce sont là vos affaires. Oh! bon homme, quoi! vous osez vous jouer à moi qui fais trembler toute la terre ^. quoi vous exposez-vous?

J'en suis fâché, lui dit *Misère*, mais à quoi vous exposez-vous vous-même de venir troubler le repos d'un malheureux qui ne vous fait aucun tort? Tout le monde entier n'est-il pas assez grand pour exercer votre empire, votre rage et toutes vos fureurs, sans venir dans une misérable chaumière arracher la vie à un homme qui ne vous a jamais fait aucun mal? Que ne vous promenez-vous dans le vaste Univers, au milieu de tant de grandes Villes et de si beaux Palais, vous trouverez de belles matières pour exercer votre barbarie. Quelle pensée fantasque vous avoit pris aujourd'hui de songer à moi? Vous avez, continua-t-il, tout le temps d'y faire attention; et puisque je vous ai à présent sous ma loi, que je vais faire du bien au pauvre monde que vous tenez en esclavage depuis tant de siècles! Non, sans miracle, vous ne sortirez point d'ici que je ne le veuille.

La Mort, qui ne s'étoit jamais trouvée à une telle fête, connut bien qu'il y avoit dans cet arbre quelque chose de surnaturel. Bon homme, lui dit-elle, vous avez raison de me traiter comme vous faites; j'ai mérité ce qui m'arrive aujourd'hui, pour avoir eu trop de complaisance pour vous, cependant je ne m'en repens pas; mais aussi il ne faut pas que vous abusiez du pouvoir que la Toute-Puissance vous donne dans ce moment sur moi. Ne vous opposez pas davantage, je vous prie, aux volontés du Ciel. S'il désire que vous sortiez de cette vie, vos détours seroient inutiles, il vous y forcera malgré vous; consentez seulement que je descende de cet arbre, sinon je le ferai mourir tout à l'heure.

Si vous faites ce coup, lui dit *Misère*, je vous proteste sur tout ce qu'il y a au monde de plus sacré, que tout mort que soit mon arbre, vous n'en sortirez jamais que par la permission de Dieu.

Je m'apperçois, dit la Mort, que je suis aujourd'hui entrée dans une fâcheuse maison pour moi; enfin, bon homme, je commence à m'ennuyer ici, j'ai des affaires aux quatre coins du monde, il faut qu'elles soient terminées avant que le Soleil soit couché; voulez-vous arrêter le cours de la Nature? Si une fois je sors de cette place, vous pourriez bien vous en repentir.

Non, lui répondit *Misère*, je ne crains rien; tout homme qui n'appréhende point la Mort est au-dessus de bien des choses : vos menaces ne me causent pas la moindre émotion; je suis toujours prêt à partir pour l'autre monde, quand le Seigneur l'aura ordonné.

Voilà, lui dit la Mort, de très-beaux sentiments, et je ne croyais pas qu'une si petite Maison renfermât un si grand Trésor. Tu peux te vanter, bon homme, d'être le premier de la vie qui ait vaincu la Mort. Le Ciel m'ordonne que de ton consentement je te quitte, et ne revienne jamais te voir qu'au jour du Jugement universel, après que j'aurai achevé mon grand ouvrage, qui sera la destruction générale de tout le genre humain. Je te le ferai voir, je te le promets; mais, sans balancer, souffre que je descende, ou du moins que je m'envole : une Reine m'attend à cinq cents lieues d'ici pour partir.

Dois-je ajouter foi, reprit *Misère*, à votre discours, et n'est-ce point pour mieux me tromper que vous me parlez ainsi? Non, je te le jure, jamais tu ne me verras qu'après l'entière désolation de toute la nature, et ce sera toi qui recevras le dernier coup de ma faux; les arrêts de la Mort sont irrévocables, entends-tu, bon homme.

Oui, dit-il, je vous entends : je dois ajouter foi à vos paroles, et, pour vous le prouver efficacement, je consens que vous vous retiriez quand il vous plaira, vous en avez à présent la liberté.

A ces mots, la Mort, ayant fendu les airs, s'enfuit à la vue de *Misère*, sans qu'on en ait entendu parler depuis. Quoique très-souvent elle vienne dans le pays, même dans cette petite ville, elle passe toujours devant sa porte, sans oser s'informer de sa santé; c'est ce qui fait que *Misère*, si âgé qu'il soit, a vécu depuis ce temps-là dans la même pauvreté, près de son cher poirier, et, suivant les promesses de la Mort, il restera sur la terre tant que le monde sera monde.

III

A la première lecture de cette légende, on est pris par l'ingénieuse composition du conte, sa narration si vive, si naturelle, si incorrecte et l'enseignement profond du dénoûment. Rarement on a vu un sujet plus grave enveloppé de tant de bonhomie; et c'est dans notre époque tourmentée et inquiète qu'on est le mieux élevé à admirer la douce gaîté du conteur qui ne se sent pas troublé par une telle fable. Pourtant il y croit; il ne conte pas pour conter; à tout instant la pauvreté, la dureté du riche, l'avarice reviennent sous sa plume sans qu'elle en soit oxydée. Quel enseignement découle de cette légende! Et le conteur n'est pas tombé dans les puérilités de la *littérature enseignante*, cette monotone et illisible littérature que les gouvernants, aux moments de troubles, croient pouvoir faire servir à la guérison des esprits et que le peuple repousse, n'y trouvant trop souvent que la doctrine lourde et pesante. La forme douce et consolante de la légende est cousue sur la doublure d'un fond solide : c'est ce qui a fait si longtemps la fortune de l'étoffe.

Je disais que le *Bonhomme Misère* découlait de la *Danse des Morts*, quoiqu'il n'en ait pas la gravité solennelle. Les poésies inscrites au bas des compositions et imitations d'Holbein sont profondément sérieuses; une seule idée en ressort, l'égalité devant la mort, en même temps qu'une sorte de raillerie contre les papes, les empereurs, les grands, les riches et les nobles; mais en pareille matière, malgré le fond satirique, les artistes devenaient graves comme le sujet qu'ils traitaient. Je ne sais pourquoi *Misère*, qui a conservé un certain reflet de ces *Danses des Morts*, me semble un conte du milieu du seizième siècle. Au dix-septième siècle, en France, l'idée de la Mort ne se présente plus sous cet aspect. Les grands penseurs la montrent sous la forme d'une abstraction et laissent de côté ce branle macabre de squelettes, si populaire au moyen âge. Pascal, Bossuet voient la Mort telle qu'elle est, et Molière semble l'éviter en la changeant en statue dans le *Don Juan*.

Mais en était-il ainsi en Italie? Car sans aucun doute le *Bonhomme Misère* est d'origine italienne. « Dans un voyage que je fis autrefois en Italie..... » ainsi débute le conte, qui, dans trois endroits différents, montre son origine. — « C'est un homme à se faire fesser pour une *baïoque*, » dit la lessiveuse en parlant de l'avare qui refuse de loger saint Pierre et saint Paul. Et les nombreux imprimeurs de la légende, malgré le peu de souci qu'ils prenaient de leurs réimpressions, ont toujours conservé la note relative à la *baïoque*, monnaie d'Italie, ainsi que celle consacrée aux *dix-neuf heures et demie* pendant lesquelles les maraudeurs qui tentèrent de voler les poires de Misère restèrent cloués sur l'arbre. Ailleurs, la bonne lessiveuse apporte à saint Pierre et saint Paul une cruche de *vin de Suze;* certainement ces détails ne sont pas de la couleur locale plaquée par un habile conteur. Le *Bonhomme Misère*, si populaire en France, me paraît un conte italien traduit, peut-être arrangé par parties. Malheureusement la littérature populaire italienne, si riche en conteurs de toute sorte, est, à l'heure qu'il est, absolument inconnue en France, quoique des mines d'or attendent le premier écrivain qui s'en occupera; mais jusqu'à ce que ces recherches soient faites, comment essayer seul de parcourir cette immense bibliothèque de *novellieri* inépuisables? Je l'ai tenté sans succès, quant à ce qui touche le *Bonhomme Misère;* mais déjà un écrivain distingué, archéologue et conteur, qui a emprunté quelquefois ses sujets aux littératures étrangères, M. Mérimée, confirmait mon opinion sur la provenance italienne du *Bonhomme Misère* par un court récit, *Federigo* (1), dont une partie, tirée de cette légende est adroitement soudée à un autre récit. « *Ce conte*, dit M. Prosper Mérimée dans une note, *est populaire dans le royaume de Naples.* » On peut en croire l'auteur, dont l'exactitude n'est pas une des moindres qualités. Federigo est un jeune seigneur prodigue qui dissipe son bien au jeu et en débauches de toutes sortes, toutefois n'en conserve pas moins le sentiment de l'hospitalité et qui, ayant hébergé Jésus-Christ accompagné de ses douze apôtres, lui demande trois grâces à son souhait, ce que Jésus-Christ accorde spontanément. Federigo désire d'abord être possesseur de cartes qui le feront toujours gagner; son second souhait se formule ainsi : « Faites que quiconque montera dans l'oranger qui ombrage ma porte n'en puisse descendre sans ma permission. » Enfin il demande que celui qui s'assiéra sur l'escabeau, au coin de la cheminée ne puisse s'en relever sans sa volonté. A l'aide de ces trois conditions que lui a accordées Jésus-Christ, il gagne douze âmes à Pluton, et par deux fois il fait un pacte avec la Mort qui s'est laissée prendre à l'oranger et à l'escabeau. Tous ces détails sont analogues à ceux de la légende du *Bonhomme Misère;* ils ne s'en séparent qu'au dénoûment, où Federigo, pour avoir fait seulement un pacte d'un certain nombre d'années avec la Mort, est obligé de la suivre en enfer, où il resterait inévitablement si Jésus-Christ ne lui pardonnait d'avoir employé son jeu de cartes à tirer de ce lieu affreux les douze âmes de pécheurs qui y brûlaient.

Chacun sait de quelle sobriété de conteur la nature a doué M. Mérimée;

(1) *Une mosaïque*, par l'auteur du *Théâtre de Clara Gazul*. Paris, Fournier, 1833, 1 vol. in-8

mieux que personne, il est apte à rendre l'esprit de ces anciennes légendes si simples qui faisaient l'amusement de nos aïeux; pourtant je préfère la courte légende du *Bonhomme Misère* au récit de *Federigo*, qui n'est guère plus développé; et je crois pouvoir avancer que M. Mérimée serait de mon avis. La légende française est supérieure en tout au conte d'origine napolitaine, surtout par sa simplicité de composition, et c'est là ce qui fait la force de la littérature populaire dans toutes ses manifestations, écrites, chantées ou improvisées. M. Frédéric Baudry le faisait justement remarquer à propos des *Chansons populaires des provinces de France*, que j'ai recueillies, et qu'on retrouve dans divers pays avec de nombreuses variantes. « La poésie populaire, disait le savant bibliothécaire de l'Arsenal, possède un puissant instrument de perfection dans la transmission orale. Le papier garde tout ce qu'on y a écrit; la mémoire du peuple est moins complaisante, elle ne conserve que ce qui lui semble bon; le reste, elle l'oublie ou l'altère. Dans ces voyages infinis de bouche en bouche, les mauvais vers sont mis de côté, les véritables formules de la pensée sont fixées; l'expression juste finit par se frapper comme une médaille. En un mot, si je ne me trompe, la tradition doit polir les poésies à sa manière, autant et plus que le travail de cabinet (1). »

Tout ce que dit si justement M. Frédéric Baudry à propos des chansons populaires peut s'appliquer aux légendes, et ce poli, ce rejet de détails, ce choix, ce goût, sont faciles à observer dans la comparaison du *Bonhomme Misère* et de *Federigo*. Etant présumé que le *Bonhomme Misère* est issu d'un conte italien, quelle simplification de détails le conteur a apportée dans sa composition! *Federigo* forme *trois* souhaits, *Misère* seulement *un*. Le sieur de la Rivière s'est contenté du fameux poirier pour vaincre la Mort; mais c'est par ce simple souhait qu'il se montre supérieur au conteur napolitain qui, en faisant intervenir Jésus-Christ pour lui demander d'ensorceler, pour ainsi dire, à son avantage un *oranger* et un *escabeau*, n'a pas obéi à la poétique du conte court, qui veut que le récit aille en progression d'intérêt et de moyens nouveaux. La Mort reste clouée à l'oranger de Federigo, l'invention est bonne; mais quand elle revient, cinquante ans plus tard, et qu'elle se laisse prendre à cet innocent escabeau, sur lequel elle reste assise jusqu'à ce qu'elle ait souscrit à la volonté du propriétaire, je trouve le conteur au-dessous de lui-même et la Mort naïve d'être prise par un moyen si vulgaire, dans une maison qu'elle doit déjà redouter. Et voilà pourquoi la légende du *Bonhomme Misère* est supérieure à *Federigo;* le récit court plus vite et mène à un dénoûment plus inattendu, plus imposant, plus éternel, plus grand, plus vrai.

Je ne veux pas tomber dans le minutieux en étudiant de si près l'admira-

(1) *Revue de l'Instruction publique*. 1861

ble légende de la *Bibliothèque bleue*, dont les milliards d'exemplaires vendus depuis deux siècles me trottent par la tête; mais il n'y a si petit succès qui ne doive être analysé.

Ce conte du *Bonhomme Misère* rappelle à la mémoire divers traits particuliers à toutes les littératures populaires, qui tantôt se sont servies du personnage principal *Misère*, pour en faire le type d'autres récits, tantôt ont employé des figures accessoires analogues, tantôt se sont emparées de l'idée-mère fantastique.

Ainsi un conte populaire lithuanien offre une rémarquable parenté avec la légende française du *Bonhomme Misère*. Un forgeron ayant rendu service à saint Pierre, obtient pour l'avenir l'accomplissement de ses souhaits; quand le diable vient le chercher pour l'emmener en enfer, la route étant longue, le diable, pour se rafraîchir, cueille quelques pommes aux branches d'un pommier qui pendent sur la route; mais le forgeron souhaite que la main du diable reste attachée à la branche, et le diable n'est délivré qu'en jurant de ne jamais revenir (1).

L'analogie est assez visible (saint Pierre, le pommier enchanté, le diable au lieu de la mort, le forgeron remplaçant le bonhomme Misère), pour qu'il soit inutile d'insister plus longtemps sur ce sujet.

Il est à remarquer que saint Pierre a été de tous les saints la figure la plus populaire et nécessairement mise souvent en jeu par les conteurs. Dans un conte populaire de la Gascogne, *le Sac de la Ramée*, on trouve saint Pierre faisant cadeau à un pauvre homme d'un sac de cuir qui se remplira immédiatement de tout ce qu'il est possible en disant : *Chose que je désire avoir, entre dans le sac de la Ramée* (2).

Ainsi que Misère, la Ramée avait rendu service à saint Pierre sans le connaître; mais là se borne l'analogie, et je n'ai fait mention de ce conte que pour montrer la popularité de saint Pierre parmi les conteurs populaires.

« Le peuple, dit M. Edelestand du Méril, croyait volontiers, pendant le moyen âge, à ces interventions de Dieu et des saints. C'était un recours contre les injustices d'ici-bas et une espérance toujours ouverte. »

Les Allemands ont aussi une légende analogue à celle du *Bonhomme Misère*, recueillie par ces infatigables Juifs-errants de la littérature, les frères Grimm, qui avaient toujours un bon conte en poche. C'est *le Pêcheur et sa femme*, signalé par M. du Méril dans un article trop intéressant pour que je n'y puise pas abondamment. Ce conte, reproduit par les frères Grimm, se retrouvait déjà dans les *Mille et une nuits*, et M. du Méril indique également dans l'*Athenæum français* la traduction d'un conte russe sur le même sujet (3). Je

(1) *Contes, proverbes, énigmes et chants de la Lithuanie*, par *Auguste Schleicher*. Weymar, Bœhlau, 1857, avec chants notés.

(2) Cénac-Moncaut, *Contes populaires de la Gascogne*. 1 vol. in-18, Dentu, 1861

(3) *Athenæum*, année 1855, page 686.

cite ces variantes, quoique l'intérêt en soit médiocre. Quand le *conte* est arrivé à son suprême développement, il importe peu de recueillir des épreuves effacées, retouchées, sans angles ou déformées. Cependant qu'on retrouve les matériaux qui ont servi aux conteurs arabes, n'est-il pas curieux d'assister à cette soudure des éléments du conte; mais sa désorganisation est moins intéressante, ses émigrations en pays étranger et ses variantes sont sans importance, et il ne faut rien moins qu'un Shakspeare, un Molière, un Gœthe pour attirer l'attention par la suprême grandeur que peut donner l'art à une légende populaire. Alors *Hamlet*, le *Festin de Pierre*, *Faust*, sont la plus haute expression du conte obscur, qui s'était couché savetier et se réveille roi le lendemain.

M. du Méril à propos du *Bonhomme Misère*, montre l'analogie comparée de certains contes : « Malgré toutes ces différences d'idées et de mœurs, on raconte encore, en Normandie comme en Allemagne, *le Fils ingrat*, *le Grand-Père et le Petit-Fils*, *les Messagers de la Mort*, *les Trois Filandières*, *les Trois Souhaits*, *Gretel l'Avisé* et *le Fidèle Ferenand*. Peut-être parmi tous ces bouts de contes, concentrés dans quelques phrases, n'en est-il qu'un seul qui ait conservé ses développements naturels et une forme traditionnelle à peu près immuable, et il se trouve aussi dans le recueil de MM. Grimm. C'est une nouvelle histoire du *Paradis perdu*, moins le serpent, mais avec la faiblesse originelle de l'homme et l'ambitieuse cupidité de la femme. Des circonstances par trop féeriques le rendent d'une croyance fort difficile en Allemagne; mais on lui a donné en Normandie une forme plus chrétienne et plus pratique : ce ne serait après tout qu'un miracle aussi possible que beaucoup d'autres et l'on y peut croire fermement, pourvu qu'on ait une foi suffisante. »

Nous allons donc lire une légende *contée* du *Bonhomme Misère* et non écrite; et il est à remarquer que cette légende se conte, dans le pays où le véritable Misère a le plus de racines, c'est-à-dire à Rouen, à Caen, à Falaise, qui furent après Troyes, les foyers les plus actifs de la *Bibliothèque bleue*.

Il y avait ici près un bonhomme si pauvre, si pauvre, qu'on l'appelait le bonhomme Misère. Un jour qu'il avait pris sa besace et qu'il cherchait son pain le long des chemins, il rencontra deux messieurs très-bien couverts, qui regardaient attentivement à droite et à gauche : c'étaient le bon Dieu et M. saint Pierre, qui voulaient s'assurer par eux-mêmes si le percepteur ne pressait pas trop le pauvre monde, et ils n'étaient pas contents.

— La charité, s'il vous plaît, je suis le bonhomme Misère.

— Tu es grand et fort, dit saint Pierre en le regardant de travers, et la mer est pleine de poissons; mais tu te crois peut-être un gentilhomme pour ne pas travailler?

— On ne peut pas pêcher avec la main, répondit le bonhomme Misère; saint Pierre lui-même, qui était pourtant un grand saint, avait des filets, et encore ne trouvait-il pas que le métier fût bon, puisqu'il a mieux aimé être crucifié la tête en bas que de suer plus longtemps à la peine. Si peu que vous voudrez, mes bons messieurs, et je serai content.

— Donne-lui une fève, dit le bon Dieu, et recommande-lui d'être content.

Saint Pierre secoua la tête, mais il mit la main à sa poche.

— Tiens, dit-il, grand fainéant, le bon Dieu veut que tu sois content; et il lui donna une fève.

Le bonhomme s'en revint tout joyeux, et il raconta à sa femme qu'il avait vu le bon Dieu.

— Tant mieux pour toi, si cela t'a suffi, répondit-elle. Qu'est-ce que tu veux que j'en fasse de ta fève? Le bon Dieu aurait dû te donner un peu de bois pour la faire cuire, un peu de beurre avec un peu de sarriette pour l'embeurrer, et seulement une cuiller pour la manger. Mais personne ne se soucie des pauvres.

Le bonhomme trouva aussi qu'une fève crue était un bien petit régal pour deux personnes, et, comme il n'avait pas de jardin, il la planta dans l'âtre de sa cheminée. La fève ne tarda pas à pousser; elle grandissait à vue d'œil; le soir, elle sortait déjà par le haut de la cheminée, et le lendemain matin on n'en voyait plus la cime : le curé lui-même ne put l'apercevoir avec ses lunettes. Deux jours après, la femme dit à son mari :

— Le bon Dieu ne t'a pas attrapé; sa fève était vraiment d'une bonne espèce; va cueillir ce qu'il nous faut pour notre diner.

Le bonhomme ne lui répondait jamais. Il ôta ses sabots et monta d'échelette en échelon. Il regarda en bas, la terre était à peine grosse comme un grain de senevé; mais il avait beau chercher, il ne voyait pas plus de cosses que dans le fond de sa main. Il monta plus haut, s'arrêta pour souffler, monta encore, et se trouva devant une grande maison toute dorée : c'était le paradis. Il y avait un marteau à la porte, il frappa . *Pan! pan!*

— Qui va là? demanda saint Pierre.

— C'est moi, grand saint Pierre; vous savez bien, le bonhomme Misère. J'étais venu chercher quelque chose pour notre diner, mais il paraît que les fèves ne grainissent pas beaucoup dans le paradis, parce que sans doute vous aimez mieux les pois, et je voudrais bien avoir un morceau de pain... du blanc, si cela ne vous fait rien.

— Tu en auras, dit saint Pierre, et à discrétion, avec de la viande et du vin.

Le bonhomme redescendit d'échelette en échelon, et trouva la table mise; il mangea beaucoup, but encore davantage, et se coucha le cœur content; mais sa femme se tourna toute la nuit dans son lit. Le lendemain, elle se réveilla de bonne heure.

— On ne peut pas dormir dans cette misérable tanière, lui disait-elle; on craint toujours que les murailles ne vous tombent à monceau sur la tête. Saint Pierre est bon, il ne t'eût pas refusé une maison plus solide et plus grande. Mais tu ne penses jamais à rien.

Le bonhomme ne répondit pas et siffla *Nicolas Tuyau;* c'était sa manière de dire *non.* Mais à déjeuner sa femme ne mangea pas.

— La vue de ces vieux meubles m'ôte l'appétit, dit-elle en soupirant, et j'ai peur d'être écrasée; mais cela t'est bien égal, tu en épouserais une autre.

Le bonhomme secoua la tête, ôta ses sabots, et monta d'écheletle en échelon; il n'allait pas aussi vite que la première fois, pourtant il arriva à la porte. *Pan! pan!*

— Qui va là?

— C'est votre pauvre bonhomme Misère.

— Que me veux-tu encore?

— Ah! bienheureux saint Pierre, on n'est pas en sûreté dans ma masure; quand ce ne serait que par humanité, vous devriez me la faire recrépir en l'élevant seulement d'un étage et en l'agrandissant d'un pavillon, avec un petit perron devant, un jardin derrière et une girouette dessus; elle menace ruine dès que le vent vient à souffler; la nuit dernière, ma pauvre femme n'a pu dormir, parce que les rats déménagaient.

— Soit, dit saint Pierre, tu auras une maison bourgeoise, solide comme une prison; mais n'y reviens pas : je ne puis passer mon temps à faire des miracles pour ton usage particulier, et je n'aime pas les quémandeurs.

Le bonhomme redescendit d'échelette en échelon, et ne se reconnut pas chez lui : il y avait une grille devant la cour, des canards qui nageaient sur une mare bien propre, des poules qui caquetaient à la porte d'un poulailler, et des fauteuils dans toutes les chambres. Inutile de vous dire que la femme était bien contente : ce jour-là elle s'assit dans tous ses fauteuils et se regarda dans toutes ses glaces; le lendemain elle vêtit et dévêtit toutes ses robes; le surlendemain elle donna des ordres à ses servantes toute la journée; mais le quatrième jour elle s'ennuya beaucoup, et ne sachant plus que faire chez elle, elle alla se promener dans la campagne. Elle revint toute triste et se coucha sans souper.

— Croirais-tu bien, dit-elle à son mari, dès qu'il fut éveillé, que j'ai rencontré hier notre voisin, et qu'il ne m'a pas saluée?

— Il y a des gens si mal élevés, répondit le bonhomme Misère; mais je n'y puis que faire : on ne doit le respect qu'au roi et à la reine.

— Eh bien, s'écria-t-elle tout en colère, pourquoi ne serions-nous pas roi et reine comme les autres? Si tu l'avais demandé à saint Pierre, il est juste, et ne te l'aurait pas refusé... Certainement, lui redit-elle le lendemain, saint Pierre ne pourrait pas te le refuser; le bon Dieu lui a dit qu'il voulait que tu fusses content.

Et tous les matins elle lui répétait aussitôt qu'il ne dormait plus :

— Est-ce aujourd'hui que tu vas le demander à saint Pierre?

Quelquefois même elle le réveillait tout exprès, et ne manquait jamais de verser quelques larmes. D'abord le bonhomme ne répondit rien, puis il haussa les épaules, puis il lui ordonna de le laisser tranquille, et elle pleurait de plus en plus tous les jours et se plaignait d'être bien malheureuse; enfin, dans un moment de bonne humeur, il lui dit un matin en plaisantant :

— Non, ce sera demain.

Elle l'embrassa deux fois, fut charmante toute la journée, et descendit à la cuisine pour que le dîner fût prêt à l'heure. Son mari vit bien qu'il était inutile de chercher midi à quatorze heures. Il prit le lendemain ses habits du dimanche et monta d'échelette en échelon. Arrivé à la porte, il frappa, l'oreille bien basse. *Pan! pan!*

— Te revoilà donc, importun ! s'écria saint Pierre sans ouvrir la porte ; je le savais bien que tu serais insatiable.

— Grand saint, répondit humblement le bonhomme, pardonnez-moi encore cette fois, comme je pardonne à ceux qui m'ont offensé. C'est ma femme qui l'a voulu ; elle est un peu tourmentante, mais elle a du bon : la vue de la misère lui fend le cœur, et elle assure que si elle était reine et que je fusse roi, les pauvres gens ne seraient plus si pauvres.

— Puisque c'est par charité que tu me demandes d'être roi, lui répondit saint Pierre, je veux bien te l'accorder encore ; mais n'y reviens pas, car il t'arriverait malheur.

Le bonhomme redescendit d'échelette en échelon, et trouva sa femme assise sur un trône et recevant les hommages de ses courtisans.

Elle fut au comble de la joie deux jours durant ; mais le troisième, elle aperçut un cheveu blanc sur sa tête, et s'étonna que le bon Dieu laissât vieillir les reines. Le lendemain, elle voulut manger de la galette chaude, et, comme elle était gourmande, on fut obligé d'aller chercher le médecin en toute hâte ; le jour suivant, elle apprit que la femme du premier ministre était morte subitement, et c'en fut fait de son bonheur. Elle devint toute songeuse, ne mangea guère le reste de la semaine, et dit à son mari le dimanche :

— Tu avais raison, la royauté ne nous empêchera pas d'être malades, peut-être même de mourir ; ce n'est pas cela qu'il fallait demander ; mais si tu étais le bon Dieu et que je fusse la sainte Vierge, nous n'aurions plus rien à désirer.

Le bonhomme crut qu'elle était folle, et l'engagea à se promener au grand air.

— Je le savais bien, reprit-elle le lendemain, que tu ne m'avais jamais aimée, et cependant j'étais plus jeune que toi et n'ai jamais écouté les galants : j'étais bien sotte !

Il haussa les épaules et alla fumer sa pipe dans le jardin. Le surlendemain, elle continua sur le même air :

« Quand un roi ne veut pas ressembler à un porc à l'engrais, il doit avoir de l'ambition et désirer devenir bon Dieu, ne fût-ce que pour donner à chacun de ses sujets le temps qui convient à son blé.

Les jours avaient beau se suivre, ils se ressemblaient tous ; mais aux prières succédèrent les reproches, puis vinrent les injures et les menaces ; elle mit même le bonhomme au pain sec, mais il fut héroïque. Malheureusement il s'impatientait quelquefois, l'homme n'est pas parfait, et un jour qu'elle l'avait bien tarabusté, il s'écria tout hors de lui :

— Te tairas-tu, madame Bonbec ? et il lui appliqua sa main dans le dos en manière de bâton.

Alors elle cria de toutes ses forces : « Mon mari m'a battue ! » pleura encore plus fort et répondit à toutes les consolations de ses filles de chambres : « Mon mari m'a battue ! »

Le bonhomme comprit qu'il n'avait plus qu'à obéir ; il tira sans mot dire du côté de la fève, et monta d'échelette en échelon. Il ne se pressait pas, pourtant il arriva, se gratta la tête et frappa bien discrètement à la porte : *Pan ! pan !* Il entendit une grosse voix qui disait :

— Je parie que c'est encore ce mauvais bonhomme!

— Hélas! oui, mon bon saint Pierre, répondit-il, et je suis perdu si vous n'avez jamais eu de femme.

— Pas si bête! reprit brusquement saint Pierre; et mal te viendra de t'être cru plus avisé que moi, car tu vas redevenir aussi pauvre qu'avant de m'avoir rencontré.

Le bonhomme voulait demander grâce et conserver au moins quelques rentes; mais il se retrouva sur la terre, et aperçut à la porte de sa chaumière sa femme qui filait comme autrefois de mauvaises étoupes : rien n'était changé, seulement la chaumière menaçait encore plus ruine, et les vêtements de la femme étaient encore plus délabrés. Dès qu'elle le vit, elle se leva toute colère et lui reprocha de prendre toujours conseil du tiers et du quart, et de ne pas être un homme; mais il alla couper un bâton dans la haie et elle se tut.

Bientôt après elle mourut du chagrin d'avoir tout perdu par sa convoitise. Quant au bonhomme Misère, il se consola en pensant qu'il avait perdu aussi sa femme, et continue à chercher son pain. Si vous le rencontrez, faites-lui la charité pour l'amour de Dieu.

La morale de ce conte est claire, mais *petite*, en comparaison du grand enseignement donné par la légende française; et le bonhomme Misère n'y apparaît plus avec sa douce résignation qui me fait penser à ces figures gothiques pleines d'humilité, de charme et de résignation qu'on retrouve en prières sur les monuments du moyen âge. Cette femme ambitieuse, toujours mécontente de son sort, est une figure d'un médiocre intérêt, et le peuple, avec son sentiment critique, semble n'avoir pas eu grand souci de cette légende, puisque, dans un pays où l'imprimerie consacrait à jamais ces traditions, le récit est resté seulement sur la langue des vieilles femmes, où un savant l'a recueillie un jour.

Je ne connais plus qu'un autre bonhomme Misère, traduit d'un *guerz* breton. Ici Misère se rencontre avec le Juif errant, cette autre figure légendaire qui ne périra jamais.

« Ecoutez-moi, compagnons de toutes conditions, écoutez l'entretien qui vient d'avoir lieu entre les deux hommes les plus vieux qui soient sur cette terre, deux hommes qui doivent vivre jusqu'au jour du jugement dernier.

« L'un d'eux s'appelle Isaac le voyageur, l'autre *Misère*. Sa présence porte la douleur dans tout pays. Hélas! que n'est-il mort! que les hommes seraient heureux, s'il était mort.

« Près de la ville d'Orléans, ils se rencontrèrent, et, comme les vieux, ils se saluèrent, car Isaac avait toujours cru que nul n'était aussi vieux que lui, et il voyait alors le contraire.

« En le voyant, *Misère* lui dit :

« — Bonjour, Juif-Errant, d'où viens-tu? que fais-tu dans ce monde? Tu es las et triste, à ce que je vois?

« — Je marche le jour et la nuit. Dieu le veut, parce que je lui ai déplu; je marche le jour et la nuit et je souffre le plus grand des maux, je ne puis mourir. Vivre, vivre jusqu'au jugement, hélas!

« Je croyais être le plus vieux de la terre, et toi tu es encore plus ancien, comme je le vois, dans les souffrances de la vie!

« — Pauvre de moi! Juif, tu es né d'hier en comparaison de *Misère*. Depuis combien de cent ans es-tu au monde? Moi je compte par milliers d'années. Pauvre jeune homme!

« Quand notre premier père Adam désobéit à Dieu, je naquis dans sa maison : et depuis ses enfants m'ont nourri et je n'ai point quitté le foyer des hommes.

« — Mon vieux père, quel est donc votre nom? que faites-vous?

« — Je suis le bonhomme Misère; partout où je passe j'entends pleurer; je suis la cause de tous les malheurs et le père de tous les crimes.

« Tu dois me connaître, car depuis que je suis né le genre humain crie en mon nom; je lui ai fait souffrir tous les maux, je l'ai exercé à tous les tourments.

« — Ah! si tu es celui qui torture les hommes, je te connais. Loin, loin, vieillard affronteur, loin de moi! Depuis dix-sept cents ans, je te connais, depuis dix-sept cents ans, je t'ai vu causer bien de la douleur.

« Tu es le mauvais esprit de la terre. Que ne vas-tu du moins chez les riches? Insensé, pourquoi préférer les pauvres toits sous lesquels on ne mange pas toujours de pain?

« — Tais-toi, Juif, bientôt, j'en ai l'espérance, on me verra faire un tour chez les riches; si je peux entrer une fois dans leur maison, on ne m'en chassera pas facilement.

« — Ton habit est trop usé, vieux méchant, pour que tu sois jamais reçu chez les nobles; dès que l'on te verra sur le seuil, on te chassera; tu es fait pour les pauvres gens.

« — Je sais faire de pauvres gens des nobles, Juif, et j'entre chez les puissants par fraude; il y a toujours deux servantes que je connais et qui m'ouvrent la porte : la Prodigalité et la Fainéantise.

« — Adieu, démon! ton aspect me fait mal : tu sais ce que je souffre. Passe, passe, méchant! Je n'ai rien à démêler avec toi; moi, j'ai un tourmenteur plus fort que toi; mais je suis dans la main de Dieu! »

Ce *guerz* date de 1700 ou à peu près, dit l'écrivain qui l'a retrouvé, M. Paul Delasalle (1), et on remarque une certaine colère contre la Misère, cette Misère que le conteur breton a peinte si significativement vieille en la faisant appeler le Juif errant « pauvre *jeune homme.* » Ici le Juif errant devient le personnage sympathique qui promène sa mélancolie par toute la terre, et qui s'apitoie sur les maux de l'humanité. — *Que ne vas-tu du moins chez les riches?* dit-il à Misère. Un cri significatif; mais l'honnête Juif errant, qui a quitté Bruxelles en Brabant pour faire un tour en Bretagne, se montre plein de pitié pour les pauvres gens qu'il a rencontrés sur son passage, et à ses

(1) *Revue du Calvados*, 1840. M. Émile Souvestre, qui a imprimé avec quelques légères modifications ce *Guerz* dans le *Foyer Breton* (Michel Lévy, 1858, 2 vol in-18), dit qu'il en existe de nombreuses variantes en Bretagne.

accents de colère contre Misère qu'il traite rudement, on sent combien il est plein de sympathie pour la pauvreté.

Misère apparaît une dernière fois en compagnie de *Monsieur Têtu et de miss Patience dans leur voyage sur la terre du Bonheur*. Et c'est encore la *Bibliothèque bleue* qui nous donne cette leçon ; mais il n'est plus qu'un personnage épisodique d'un conte symbolique et moral dans lequel un M. Têtu cherche la route du Bonheur en compagnie de la Passion, de la Patience et de la Raison, dont le conteur a fait des êtres réels (1). M. Têtu, qui écoute trop les conseils de la passion, se laisse entraîner, comme on pense, à plus d'un faux pas, malgré les remontrances de la Patience et de la Raison. De nouveaux compagnons se mêlent à la bande : l'Espérance et sa sœur l'Imagination, et M. Têtu est pris par leurs beaux discours, lorsque la Raison lui montre un petit homme décrépit, boiteux et difforme, portant une chaîne à sa jambe, un pesant fardeau sur ses épaules : c'est *Misère*.

— Demandez-lui où il va, dit la Raison.

M. Têtu ayant fait cette question au vieillard :

— Et où pensez-vous que j'aille, répond-il, si ce n'est à la terre du Bonheur, où je suis sûr d'arriver bientôt?

— Et qui vous l'a dit? lui demande la Raison.

— Cette dame qui tient une ancre, l'Espérance, réplique le vieillard, et je puis ajouter foi à ses paroles.

En achevant ces mots, il tourna dans un chemin de traverse, où M. Têtu allait le suivre lorsque la Raison le retint en s'écriant :

« Pouvez-vous imaginer que cet homme soit en état de parvenir à la terre du Bonheur? Ne le connaissez-vous pas? Son nom est Misère. Il a été souvent flatté par 'Espérance, et il est toujours résolu à l'écouter. Je vous donne mes conseils, mais je vois que l'expérience seule peut vous rendre sage. Si vous ne m'écoutez pas dorénavant aussitôt que je vous aurai parlé, je vous laisserai suivre toutes vos fantaisies.

Il n'y a point de mortel si malheureux qui ne soit flatté de temps en temps par l'espérance.

M. Têtu essuya cette réprimande, quoique, suivant son ordinaire, il ne voulût point avouer son erreur. Cependant il résolut d'être un peu plus circonspect à l'avenir, et quand il vit Misère suivre des chemins raboteux et trébuchant à chaque pas, il ne put s'empêcher de s'étonner d'avoir été si aveugle que de le regarder comme une personne propre à le diriger dans la route du bonheur.

(1) Ce conte a pour titre : Les Aventures de Monsieur Têtu et de Miss Patience, dans leur voyage vers la Terre du Bonheur, contenant un récit des différentes traverses qu'éprouva Monsieur Têtu, en abandonnant Miss Patience pour écouter Miss Passion, et ne voulant pas permettre à Madame la Raison, qu'ils rencontrèrent sur leur route, de les diriger dans leur voyage. A Rouen, chez Lecrêne-Labbey, imprimeur-libraire t marchand de papiers, rue de la Grosse-Horloge, n 12. Je n'en connais qu'une autre édition, datée de Paris, 1786.

IV

Quelques esprits d'aujourd'hui se gendarment contre la légende du *Bonhomme Misère* et sa conclusion fatale. Le titre de la légende est plein de promesses : « Où l'on verra quand la misère *finira* dans le monde. » C'était un rusé conteur que celui-là qui a imaginé ce titre, cachant jusqu'à la fin le dénouement :

« *Misère restera sur la terre tant que le monde sera monde.*

Cette conclusion est mal vue du dix-neuvième siècle qui ne veut plus entendre parler de la misère comme d'une chose « *divertissante*, » qui s'est armé plus d'une fois, a combattu et a versé le sang de part et d'autre au nom de cette *misère*, ceux-ci se révoltant, ceux-là voulant comprimer l'audace d'ouvriers sans ouvrage, demandant du pain. Hélas! ce ne sont ni les coups de fusil, ni les barricades, ni le sang versé qui éteignent la misère. La douce plainte du conteur qui, pendant deux siècles, a montré cet humble bonhomme Misère résigné, presque content de son sort et ne demandant qu'à récolter les fruits de son poirier, est plus persuasive qu'un canon de fusil. Oui, Misère restera sur la terre tant que le monde sera monde; mais il ne faut pas prendre ce dénouement comme une raison d'État, un axiome inflexible avec lequel les gouvernants détourneraient les yeux des malheurs et des souffrances des masses.

En étudiant de plus près le sens de la légende, qui ne laisse pas trace d'amertume dans l'esprit du lecteur, on voit combien le conteur a adouci les angles de la Misère et comme il a eu soin d'en enlever la faim cruelle, la maigreur livide, la froidure et ces mille détails sinistres, qu'un Irlandais de nos jours eût dessinés à vifs traits pour rendre les souffrances de sa malheureuse nation. Misère possède encore sa cabane et, à côté de sa cabane, un poirier qui l'ombrage de son ombre pendant l'été et lui donne de beaux fruits à l'automne. Un petit propriétaire que ce Misère! mais le carré de terre qui entoure sa cabane est à lui; il a des goûts modestes; ses voisins l'estiment; il dort la conscience en paix. Il est heureux.

J'aime cette légende et je ne la tiens pas seulement pour une *curiosité* littéraire; c'est surtout le fonds qui me frappe, cette trame solide et grossière, semblable aux habits des paysans, qui a résisté à l'action du temps depuis bientôt deux siècles, quand tant de si jolies étoffes, fines et travaillées délicatement sont flétries, usées et détruites à jamais. On rencontre dans les arts et les littératures populaires des différents peuples quelques-uns de ces monuments grossiers en apparence et qui doivent leur durée à ce qu'ils expriment, sous une forme simple, les véritables sentiments du peuple, qui fait plus de cas que les habitants des villes du bon sens. Ce bon sens, il l'enferme dans des légendes, des chansons. Chaque nation a eu des Larochefoucauld, des Cervantès populaires et inconnus, qui ont tassé, pétri, pour ainsi dire, ce bon sens, et l'ont fait entrer de force dans le cadre étroit d'un proverbe, d'une légende, d'un conte. Et, quoi qu'il arrive : guerres, mouvements sociaux, transformations industrielles, voilà des œuvres immortelles comme celles d'Homère.

BIBLIOGRAPHIE

1° Histoire morale et divertissante du bonhomme Misère, qui fera voir ce que c'est que la Misère, où elle a pris son origine, comme elle a trompé la Mort, et quand elle finira dans le monde, par M. Court-d'Argent. In-12, 11 pag. *Tours*, Ch. Placé, 1834.

2° *Id.* In-18, 23 pag., *Épinal*, Pellerin, S. D.

3° *Id.* In-18, 24 pag., *Montbéliard*, H. Deckerr, S. D.

4° *Id.* In-18, 22 pag., *Paris*, Ruel aîné, 1851. Cette édition est suivie du *Chemin de l'hôpital.*

5° *Id.* In-32, 24 pag. A *Bruyères*, chez Michel Vivot, 1809.

6° *Id.* In-12, 24 pag. A *Falaise*, Letellier. Le titre porte une grossière vignette sur bois (dont je donne le fac-simile sur le titre) représentant un médaillon d'homme maigre et hérissé, et au-dessus : « Le prix est de 4 s. »

7° *Id.* In-12, 13 pag. *Limoges*, F. Chapoulaud. Couverture imprimée, avec fleuron. La légende est signée sur le titre « par le nommé Court-d'Argent. »

8° *Id.* In-12, 23 pag. *Caen*, P. Chalopin. Sur le titre un médaillon représentant un sage de la Grèce, et au-dessus : « Le prix est de 4 sous. »

9° Le bonhomme Misère, histoire morale et divertissante, etc. (comme ci-dessus), par le sieur de La Rivière. In-18, 31 pag., suivi de Proverbes (5 pag.). *Rouen*, Lecrêne-Labbey.

10° *Id.* In-12, Pierre Garnier, 1728, *Troyes*. Cette édition est signée par le sieur de La Rivière. *L'approbation* de la fin est signée par *Grosley*. « J'ai lu le présent livret, dont on peut permettre l'impression. A Troyes, ce 7 avril 1728. Grosley, avocat. »

11° *Id.* In-12. *Toulouse*, impr. de Desclassan et Navarre, se vend chez L. Abadie cadet. Signé par le nommé Court-d'Argent.

12° *Id.* In-12, 23 pag. *Troyes*, J. Antoine Garnier, 4 juill. 1719, Privilége signé *Passart*. Cette édition est signée par le s[r] de La Rivière.

13° Histoire morale et divertissante du bonhomme Misère, par le sieur de La Rivière, in-12, 22 pag. Chez la veuve de Jacques Oudot et Jean Oudot fils, imprimeurs et marchands libraires, rue du Temple. L'approbation, signée Passart, est datée du 1er juillet 1719.

14° Histoire morale et divertissante du bonhomme Misère, etc., par le sieur de La Rivière. Chez la veuve Jean Oudot, imprimeur-libraire, rue du Temple, in-12. — Même approbation et même date (23 pages) (1).

15° Le bonhomme Misère, conte en vers, par Boutroux de Montargis. *Paris*, S. D., in-8° (2).

16° Les Misères de ce monde, ou complaintes facétieuses sur les apprentissages de différents états et métiers de la ville et faubourgs de Paris, précédées de l'histoire du bonhomme Misère. A *Londres* et se trouve à *Paris*, chez Cailleau, imprimeur-libraire, rue Galande, vis-à-vis de la rue du Fouarre. 1773, 1 vol. in-12, 188 pages.

17° Histoire nouvelle et divertissante du bonhomme Misère, in-8°, à *Orléans*, chez Letouring, S. D., 23 pages.

(1) La même approbation, du même Passart, de la même date de 1719, sert aux différentes éditions de Troyes, comme il est facile de s'en convaincre. La typographie n'est plus semblable, et suivant le caractère qui *chasse*, ces brochures ont une ou deux pages de plus.

(2) Il m'a été impossible, malgré mes recherches dans les bibliothèques, de me procurer cette brochure.

Paris. — Imprimerie POUPART-DAVYL et Ce, rue du Bac, 30.

www.ingramcontent.com/pod-product-compliance
Lightning Source LLC
LaVergne TN
LVHW010406240826
846091LV00020B/2818

* 9 7 8 2 0 1 9 6 9 2 5 6 8 *